AF602999

CHEMIN DE FER D'ORLEANS

L'Aude

Entre Pyrénées et Cévennes.

Cité de Carcassonne

Texte de Marcel Monmarché

Prix 0.25

Ont paru dans la même Collection :

LE CANTAL ;
LE BERRY (Au Pays de George Sand) ;
LA BRETAGNE ;
LA TOURAINE ET LES BORDS DE LA LOIRE ;
LE POITOU ET L'ANGOUMOIS (de Tours à Bordeaux) ;
LES GORGES DU TARN ;
L'AUDE (Entre Pyrénées et Cévennes).

En vente dans toutes les Bibliothèques des Gares du Réseau d'Orléans. — Prix : 25 c.

Les Sites et Monuments décrits dans ces publications figurent parmi les 1600 photographies, lithographies et eaux-fortes exposées en permanence dans le grand hall public de la gare du quai d'Orsay.

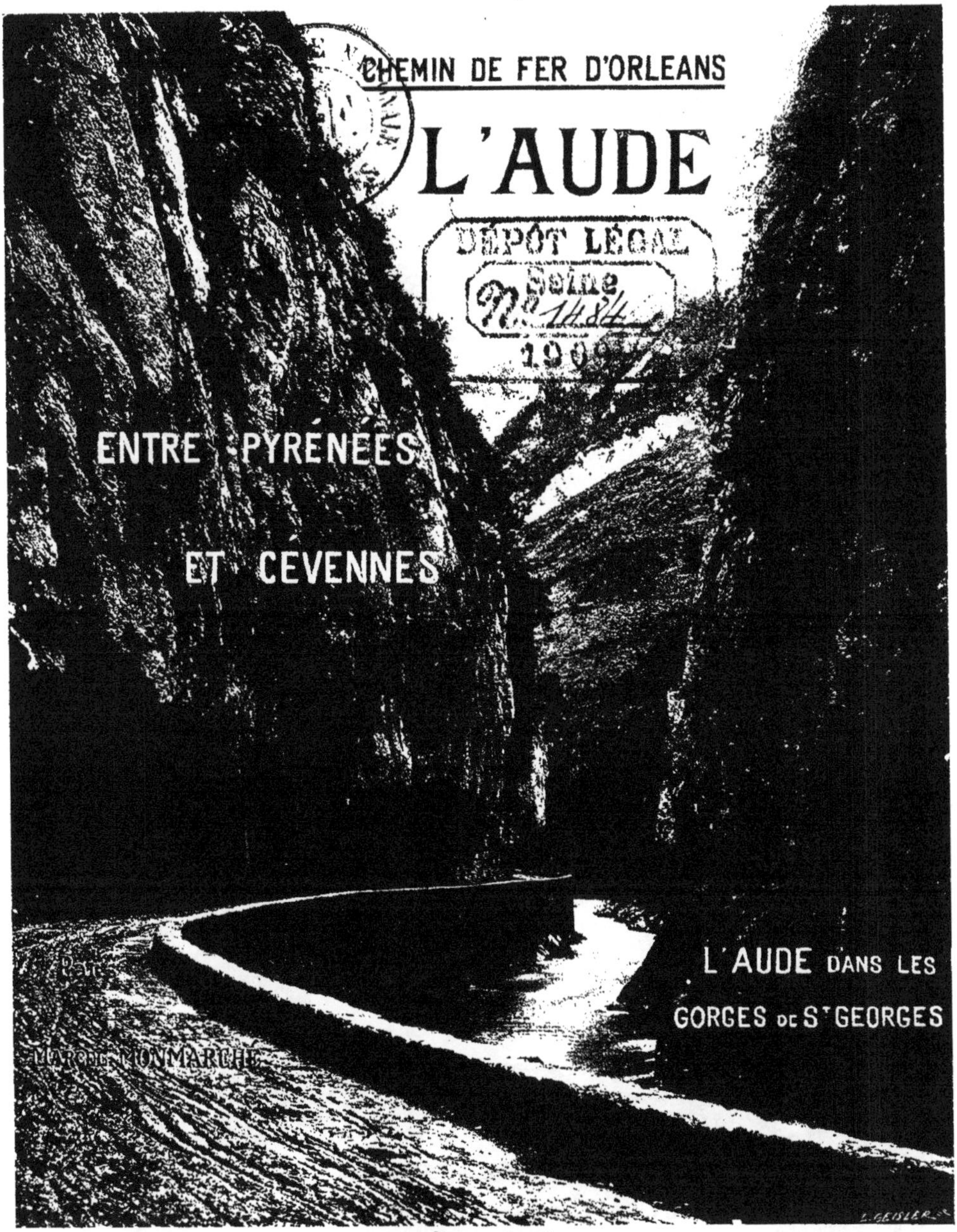

CHEMIN DE FER D'ORLEANS

L'AUDE

ENTRE PYRÉNÉES ET CÉVENNES

Par

MARCEL MONMARCHÉ

L'AUDE DANS LES GORGES DE ST GEORGES

L. GEISLER sc.

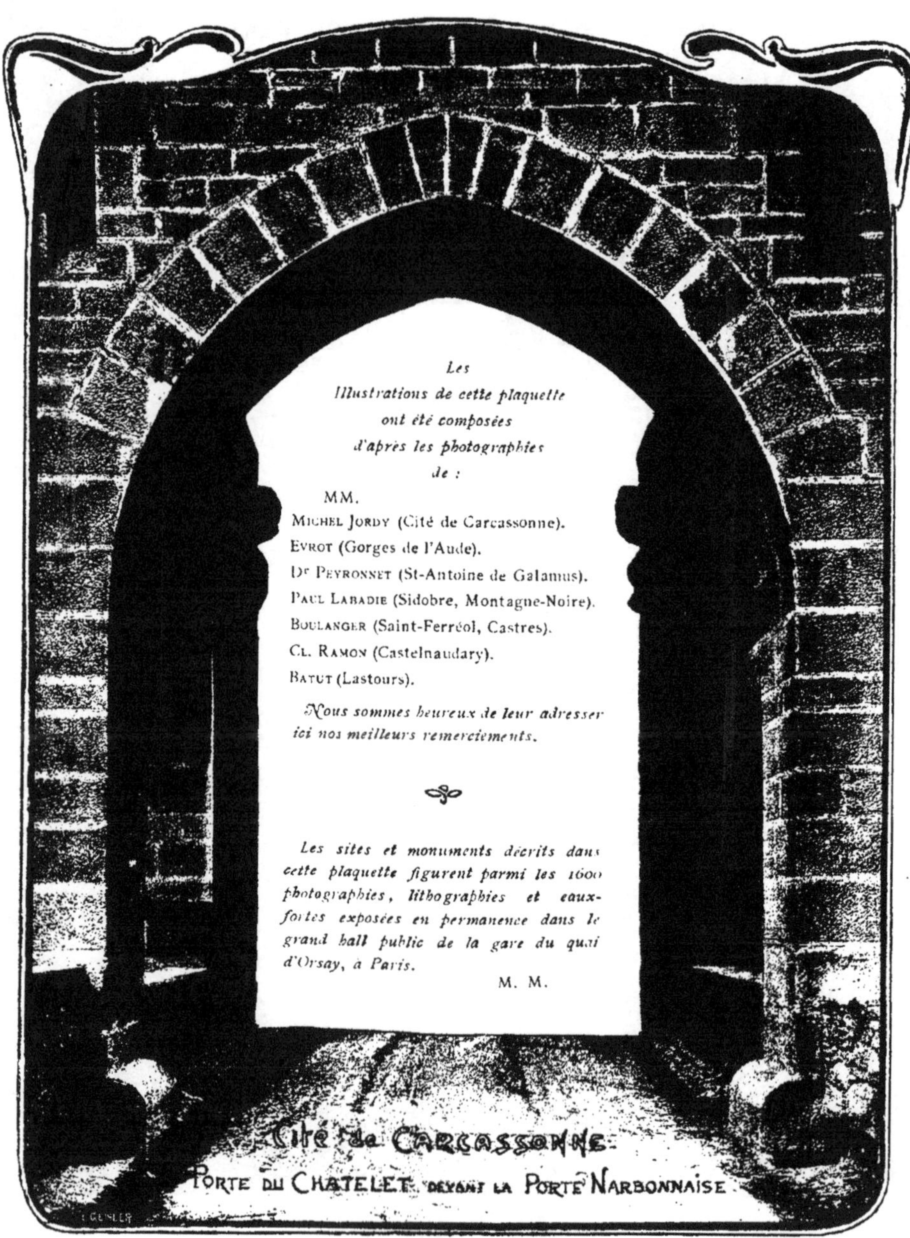
Les
Illustrations de cette plaquette
ont été composées
d'après les photographies
de :
MM.
MICHEL JORDY (Cité de Carcassonne).
EVROT (Gorges de l'Aude).
Dr PEYRONNET (St-Antoine de Galamus).
PAUL LABADIE (Sidobre, Montagne-Noire).
BOULANGER (Saint-Ferréol, Castres).
CL. RAMON (Castelnaudary).
BATUT (Lastours).
Nous sommes heureux de leur adresser ici nos meilleurs remerciements.
Les sites et monuments décrits dans cette plaquette figurent parmi les 1600 photographies, lithographies et eaux-fortes exposées en permanence dans le grand hall public de la gare du quai d'Orsay, à Paris.
M. M.
CITÉ DE CARCASSONNE
PORTE DU CHATELET DEVANT LA PORTE NARBONNAISE

LA CITÉ DE CARCASSONNE

Bien des gens pourraient dire comme le vieux paysan de Nadaud :

« Je n'ai jamais vu Carcassonne ! »

Le chansonnier lui-même — homme du Nord qu'il était — ne l'avait sans doute jamais vu ; c'est la seule excuse de sa douce ironie. Il lui fallait pour sa chanson une ville de province, bien lointaine, bien « province » au sens parisien du mot ; il s'est dit : « prenons Carcassonne, *car ça sonne* bizarrement ! » Et voilà tout. De même La Fontaine fit jadis pour Quimper-Corentin ; Brive-la-Gaillarde et Carpentras eurent des fortunes semblables...

Eh ! bien, j'en suis fâché, mais c'est Nadaud qui a tort et c'est son vieux paysan qui a raison, sans s'en douter :

« Mon Dieu, que je mourrais content
Après avoir vu Carcassonne ! »

Tous les Français d'abord, tous les étrangers qui visitent la France ensuite, devraient reprendre pour eux-mêmes, et sans rire, ce vœu naïf, ou, du moins, ils devraient se jurer de ne pas mourir — fût-ce à regret — sans avoir vu Carcassonne et son incomparable « Cité ».

Nulle part, en effet, la Nature, l'Art, l'Histoire n'ont conspiré ensemble pendant une longue suite de siècles pour parachever une œuvre plus étonnante. Sur le sol de notre France, couvert de tant de richesses pittoresques et monumentales, on ne trouverait qu'un seul joyau comparable à la Cité de Carcassonne : c'est le Mont Saint-Michel.

Non pas, certes, que l'Abbaye des Grèves ressemble trait pour trait à la Forteresse des Monts ; l'une semble un vieux moine toujours debout « au péril de la mer », l'autre un preux chevalier toujours en armes face aux Pyrénées : ce n'est ni même destinée, ni même paysage. Mais, par l'importance de l'ensemble monumental,

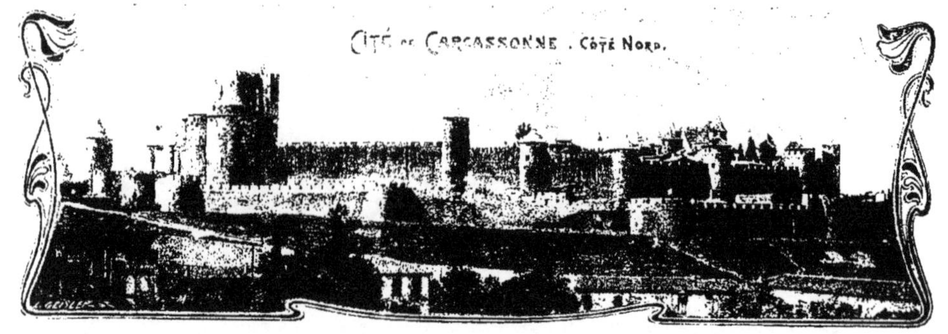

par leur prodigieux amoncellement de pierres travaillées par d'innombrables générations, chargées d'un long et glorieux passé, le Mont Saint-Michel et la Cité de Carcassonne sont deux inestimables trésors d'art, les plus précieux du patrimoine national. Si l'un est la merveille de l'Occident, l'autre est la merveille du Midi.

Qu'on se figure le paysage ample et mouvementé que voici : une large coulée de plaine où l'ardent soleil du Midi dore les vignes et les maïs ; au Nord des campagnes en amphithéâtre jusqu'aux lignes onduleuses de la Montagne-Noire habillée d'épaisses forêts, toute ruisselante d'eaux limpides qu'elle verse à la plaine assoiffée ; au Sud la tempête figée des Corbières où les rocs décharnés se hérissent, où les terres crues étalent leurs gammes violentes...

La Montagne-Noire, c'est la fin du Massif Central et des Cévennes ; les Corbières, ce sont les premiers plans étrangement tourmentés des Pyrénées, qui se profilent là-bas en une grandiose toile de fond ; la plaine intermédiaire, c'est la grande voie historique du Midi, le passage naturel de la Méditerranée à l'Océan, entre les deux grands systèmes de montagne ; là fut tracé le premier canal à deux versants, le fameux « Canal des Deux-Mers » de Riquet : là passe aujourd'hui une des principales voies ferrées de la France, la ligne de Bordeaux à Cette et à Marseille. Sur cette grande route s'ouvre la haute vallée de l'Aude, merveilleuse enfilade de gorges s'enfonçant droit au Sud jusqu'au cœur des Pyrénées, vers l'Espagne ; le torrent impétueux qui en sort se recourbe dans la plaine et, fleuve assagi, s'écoule lentement à l'Est, vers la mer bleue qui s'étend là-bas à l'infini derrière le miroir des étangs. A ce coude de l'Aude, surveillant à la fois la large voie de la plaine et l'étroit vestibule de l'Espagne, une colline se dresse, couronnée d'un hérissement de tours et de créneaux formidable : c'est la Cité de Carcassonne !

Dès l'origine de notre histoire, cette vigie naturelle était fortifiée par les hommes. Ce fut d'abord un *oppidum* Gaulois, puis, aux beaux siècles de la Narbonnaise, un *castellum* Romain. Visigothe après la conquête de Théodoric (407), Sarrazine, lorsque les Maures d'Espagne débordèrent sur la France (713), Française enfin quand Pépin le Bref eût rejeté l'Islam par-dessus les Pyrénées (759), la redoutable forteresse voit se fonder avec la féodalité la puissante dynastie vicomtale des Trencavel. Mais voici que la Croisade Albigeoise déchaîne sur le Languedoc une effroyable tourmente : en 1209 Carcassonne capitule devant le terrible homme du Nord, Simon de Montfort ; Raymond-Roger Trencavel, prisonnier, meurt empoisonné dit-on ;

son fils Raymond tente en vain de reprendre Carcassonne de vive force en 1240. Enfin, la Cité pantelante, épuisée par ces sièges, fait définitivement retour à la Couronne de France.

Saint Louis panse ses blessures et l'enveloppe d'une seconde enceinte extérieure. Philippe-le-Hardi en renforce encore les défenses par des ouvrages admirables, et, désormais, Carcassonne vit tranquille dans sa double et formidable cuirasse de pierre, avec la réputation bien établie de place imprenable et le surnom de *Pucelle du Languedoc*.

C'était l'apogée : vint la décadence. En 1247 les anciens habitants des faubourgs, exilés et sans gîte depuis le siège de 1240, avaient obtenu de Saint Louis la permission de rebâtir leurs maisons dans la plaine qui s'étend de l'autre côté de l'Aude. Telle fut l'origine de la Ville-Basse, de la ville moderne, dont la prospérité croissante ne devait plus s'arrêter, tandis que la Cité, isolée là-haut sur sa colline, étouffée dans ses remparts, ne gardait plus, en face de sa commerçante voisine, que son importance militaire, condamnée elle-même à disparaître : en 1659 en effet, la réunion du Roussillon à la France enleva à Carcassonne son rôle de place frontière. Dès lors, ce fut peu à peu l'abandon, puis le délabrement. Dans le grand naufrage révolutionnaire, la Cité perdit ses derniers soldats et devint bientôt une carrière de pierres pour tous les environs. Il ne fallut rien moins que la Renaissance romantique pour la sauver de la ruine totale.

Mérimée, en 1835, jette le cri d'alarme. L'archéologue Cros-Mayrevieille consacre sa vie à la Cité. Enfin le maître Viollet-le-Duc se fait l'artisan passionné de la restauration et, grâce à lui, nous pouvons aujourd'hui revoir et admirer l'antique Cité telle qu'elle se dressait à la fin du XIIIe siècle dans l'épanouissement complet de sa splendeur. Il lui manque hélas ! son animation guerrière, sa garnison de Morte-Payes, les 3.000 hommes d'armes nécessaires pour garnir ses tours et ses courtines ; on voudrait y entendre le cliquetis des armes, y voir les joyeuses couleurs des uniformes. Mais le décor est là, toujours aussi beau, aussi grandiose jusqu'à déconcerter l'imagination : Gustave Doré n'a rien conçu d'aussi fantastique ; Victor Hugo lui-même n'a rien imaginé de tel dans les visions moyenâgeuses qu'il se plaisait à rendre en des dessins d'une si puissante étrangeté.

Qui sait même si la Mort et le Silence n'ont pas donné à la Cité plus de grandeur et de poésie ? Merveilleux diadème de pierre ciselée posé sur le front nu de sa colline, elle plane là-haut au-dessus des bruits du monde et des tumultes modernes, elle apparaît muette et déserte, auréolée de gloire et comme recueillie dans un Passé qui

lui fait dédaigner notre Présent... En emporterait-on une impression si profonde si l'on n'y pouvait rêver à l'aise sur les courtines abandonnées, se laisser aller à la mélancolie d'une si longue histoire évoquée... si l'on n'entendait résonner ses pas dans les petites rues claustrales, où seuls quelques pauvres gens apparaissent encore comme des ombres sur le seuil des vieux logis morts?

En 1898, la vieille Cité sembla s'éveiller un instant de son sommeil séculaire pour recevoir l'hommage de toutes les illustrations languedociennes groupées sous la joyeuse bannière des « Cadets de Gascogne ». Il y avait là des écrivains comme Armand Sylvestre, d'Esparbès, Jean Rameau, Emile Pouvillon, des artistes comme Benjamin Constant, Falguière, Mercié, J.-P. Laurens... j'en passe! On aurait pu se croire revenu à l'époque la plus brillante de la cour des Trencavel, l'heureuse époque des Troubadours et des cours d'amour!

Mais un beau soir, c'est à quelque scène effroyable de la Croisade Albigeoise que l'on crut assister soudain. A la lueur des flammes de Bengale la Cité tout entière s'embrasait, comme dévorée par un immense incendie. Dans la foule accourue sur les bords de l'Aude ce fut à la fois de la terreur et du délire; des cris d'angoisse et d'admiration s'échappaient de toutes les poitrines et beaucoup comprirent peut-être ce soir-là la jouissance affreuse de Néron regardant brûler Rome.

« Bien des fois, écrivait le lendemain Armand Sylvestre, la Cité « de Carcassonne avait été l'objet de mes pèlerinages, et j'avais « médité sur ce splendide tombeau des gloires féodales. L'avouerai- « je pourtant? Il me semble que j'en ignorais la poésie avant l'inou- « bliable soirée où la forteresse m'est apparue dans le nimbe d'une « sanglante apothéose, non plus dans l'exactitude mathématique « des restaurations, mais dans la lumière surnaturelle du Rêve, page « de feu s'ouvrant dans le grand livre d'ombre que le temps a fermé « devant nous, flotte embrasée aux mâtures fulgurantes que le vent

« semblait emporter sur un océan de ténèbres, pour s'y engloutir « encore à jamais. Oh ! l'impression inoubliable ! Oh ! le splendide « tableau ! Et c'était si parfaitement beau, si complètement magni- « fique que ma pensée n'avait pas besoin d'aller plus loin que mes « yeux pour me griser au vin dont la pourpre ardente débordait de « cet immense cratère... J'ai vu le Kremlin aussi illuminé pour de « publiques réjouissances ; j'ai vu Nuremberg étincelant dans une « Kermesse ancestrale. Je déclare sur l'honneur, que ce n'était pas « si beau que la Cité de Carcassonne embrasée ! (1) »

Le voyageur qui débarque à Carcassonne se trouve d'abord dans le cadre aimable et vivant de la Ville-Basse, étalée dans la plaine verdoyante de la rive gauche de l'Aude. Bâti sur un plan régulier à la fin du XIIIe siècle, le Bourg-Neuf, comme on disait alors, est un échiquier de rues étroites, mais alignées et propres, enveloppé d'une charmante ceinture de boulevards et de jardins. On voit sur ces boulevards des restes pittoresques de l'enceinte du XVIe siècle et des platanes géants les envoûtent sous une haute nef d'ombre. Au centre de la ville, d'autres platanes égayent et rafraichissent la jolie place aux Herbes ornée d'une fontaine en marbre blanc du plus gracieux XVIIIe siècle. Les deux églises, Saint-Vincent et Saint-Michel, sont deux vaisseaux gothiques du même type, remarquables par l'ampleur et la hardiesse de leur nef unique, et le Musée renferme une de nos belles galeries de province.

Deux ponts enjambent la grande coulée torrentielle de l'Aude : l'un est moderne, l'autre est un délicieux pont-vieux du XIIIe siècle, gardé encore par une chapelle du XVe. Et voici que, passé l'eau, surgit la hautaine colline guerrière, où les deux faubourgs de la Trivalle et de la Barbacane donnent en vain l'assaut aux murailles inexorables dressées là haut...

On aurait vu cent fois ce monstrueux bouquet de tours liées de courtines dentelées et découpant leurs silhouettes aiguës sur le ciel, que l'apparition soudaine de la Cité causerait toujours le même saisissement. Qu'elle flamboie, toute dorée de soleil sous un azur profond, comme une « kasbah » africaine, ou qu'elle s'assombrisse soudain sous une nuée d'orage comme un « burg » renfrogné des bords du Rhin, elle est

1. Ce spectacle sans pareil doit, dans l'avenir, être renouvelé périodiquement. Nul doute qu'il ne devienne vite célèbre non seulement en France, mais bien au delà de nos frontières.

toujours surhumainement belle... L'enceinte extérieure dessine un ovale de 1.500 mètres de tour. Beaucoup plus basse que l'enceinte intérieure, dont le circuit mesure 1.100 mètres, elle laisse celle-ci surgir tout entière au-dessus de la longue grecque ajourée de ses créneaux : c'est comme une ample collerette brodée d'où émerge la tête casquée et hérissée de la colline. Entre les deux enceintes règne un ruban annulaire : ce sont les *lices* aujourd'hui abandonnées à l'exubérance des herbes folles. Les pieds des promeneurs y ont tracé des sentes au hasard ; parfois la géométrie d'un potager y fait contraste ; ailleurs le passage s'y rétrécit entre deux haies de masures parasites, poussées là comme des champignons lors du déclin militaire de la Cité et où battaient jadis des métiers de tisserands.

Du côté de la rivière, on pénètre dans la Cité par la sournoise porte d'Aude, précédée de défenses si savantes qu'on n'y peut accéder que par une série de tangentes et de mouvements tournants, à la façon du navire qui louvoie cherchant l'étroit chenal du port. La montée zigzague entre les formidables murailles assises sur le roc, où les « couches archéologiques » se superposent de siècle en siècle comme des alluvions. On vire à angle aigu, on passe sous des cintres et des ogives, on gravit des degrés... enfin on se trouve dans la place sans savoir comment l'on y est entré. Et quand on en sort, il semble que les remparts mystérieux se referment derrière vous sans trahir, même pour vous, le secret de votre propre fuite. Juste au-dessus de ces ingénieux lacets, le château féodal des Trencavel dresse son grand pignon à redans et lance bien haut sa svelte tour sarrazine dont les créneaux rougeâtres planent en vedette sur toute la Cité. Ce Château forme comme une troisième enceinte intérieure, contiguë à la seconde et flanquée de hautes poivrières : c'est une petite forteresse dans la grande, ou plutôt une grande dans l'immense.

La Porte d'Aude est à vrai dire une simple poterne puisqu'elle ne laisse passer dans ses replis que les seuls piétons. La véritable entrée de la Cité, la seule accessible aux voitures, s'ouvre en arrière sur le plateau : c'est la grandiose Porte Narbonnaise où la légendaire figure de Dame Carcas monte toujours sa faction séculaire. Ouverte entre ses deux énormes tours à avant-becs saillants, soutenue à droite par l'admirable Tour du Trésaut, cette porte est plutôt un second château, capable à elle seule de supporter un siège.

Voici le visiteur au cœur de la place ; il lui faut maintenant monter sur le chemin de ronde qui court à la crête des murs et, tout en admirant de ce balcon merveilleux, l'immense panorama de plaines et de monts, faire lentement le tour de la Cité,

admirer l'infinie variété des détails, en chercher le pourquoi. Il lui faut examiner les dispositions particulières des 48 tours, apprendre à reconnaître l'âge des murs depuis le petit appareil des Romains et les chaînages de briques des Wisigoths jusqu'aux puissantes assises de Philippe-le-Hardi, d'un si vigoureux relief avec leurs *bossages* rustiques. Et quand il aura parcouru ce vaste musée de plein air, étudié en quelques heures tout un cours d'architecture militaire depuis l'antiquité jusqu'à la fin du moyen âge, il lui restera à admirer un pur chef-d'œuvre d'architecture religieuse : dans l'angle sud de la Cité, sur un parvis désert et mélancolique où des ruines affleurent sous l'herbe et qu'enveloppe l'étreinte des remparts, l'ancienne cathédrale Saint-Nazaire surgit, bijou digne de l'écrin unique où il est serti. Derrière une façade toute guerrière qui fit jadis corps avec l'enceinte, une triple nef romane arrondit sa voûte en berceau brisé sur d'épais arcs-doubleaux, sur des piliers à la puissante carrure, couronnés d'étranges chapiteaux : certains d'entre eux avec leurs lotus d'Orient et leurs sphinx d'Egypte disent l'antiquité du temple primitif d'où ils proviennent. Et cette nef aux lignes solides et austères est comme le vestibule sombre d'un lumineux palais de féerie, comme une caverne ouvrant sur une forêt enchantée. Quand, de là, on débouche dans le merveilleux chœur gothique, c'est la sensation du plein air que l'on éprouve soudain, tant la voûte s'envole, aérienne, sur les mille ramifications des colonnettes, tant la lumière entre à flots dans cette immense maison de verre : la légèreté en est si surprenante, la pierre s'y réduit à des linéaments si ténus que ce sont les vitraux, semble-t-il, qui soutiennent l'édifice. Selon les heures du jour et la marche des nuages tous les jeux de lumière s'irradient à travers les milliers de gemmes de ces inimitables verrières du XIIIe et du XIVe siècle... Je vous souhaite d'avoir pour guide en cette église certain prêtre qui vit dans son ombre, âme d'artiste abstraite en plein moyen âge. Alors tout un peuple de statues s'animera à vos yeux d'une vie surnaturelle, des têtes mystiques ou grimaçantes vous parleront, toute une floraison exubérante de sculptures vous révélera son symbolisme et sa philosophie. Les roses merveilleuses n'étincelleront plus seulement comme un feu d'artifice aux couleurs inretrouvables, elles chanteront tout un poème à la gloire de Marie ou du Christ ; les verrières deviendront d'immenses pages de théologie, surabondantes de sens et de mouvement. Vous croirez, comme moi-même, vivre quelques heures de la vie du Durtal de Huysmans dans la *Cathédrale*.

Autour de Carcassonne

Si quelque « homme du Nord » a lu les pages précédentes, il ne manquera pas de dire : « La Cité de Carcassonne est la Merveille du Midi, je l'admets ; mais elle déploie ses splendeurs à 800 kilomètres de Paris et l'on ne traverse pas la France de bout en bout pour une seule sensation, fût-elle inoubliable. »

Si je prévois l'objection, c'est apparemment pour la mieux réfuter. Tout d'abord entre Paris et Carcassonne il y a tout le Massif Central qui vient mourir en vue de ses remparts : la visite de la Cité est ainsi le complément indiqué, le prolongement naturel des excursions en Auvergne et du classique voyage aux Gorges du Tarn. Ensuite, derrière Carcassonne — je parle toujours aux gens du Nord — il y a toute la chaîne des Pyrénées : des milliers de touristes y affluent chaque année ; combien pensent à la Cité qui est sur leur route ?

Enfin, il y a mieux encore. La Cité ne mérite pas seulement une pointe vers le Sud si l'on explore les montagnes d'en-deçà, ou un arrêt si l'on va aux montagnes d'au delà. Carcassonne — vérité neuve et hardie, je le sais — est par sa situation même *entre Pyrénées et Cévennes*, un admirable *centre d'excursions*, à la fois dans les deux massifs. Qu'on se dirige au Sud vers la haute vallée de l'Aude et les Corbières, au Nord, vers la Montagne-Noire, le Sidobre et l'Espinouze, à l'Est même vers Narbonne et le littoral, on trouve de tous côtés dans le rayonnement de la Cité, une profusion insoupçonnée de sites d'un relief, d'une couleur et d'une originalité qui les eussent depuis longtemps rendus célèbres.... s'ils étaient ailleurs qu'au doux pays de France ! Chez nous ils sont à peu près aussi ignorés que s'ils étaient dans le Haut-Oubanghi...

La Haute Vallée de l'Aude

De Carcassonne une voie ferrée remonte la Vallée de l'Aude jusqu'à Quillan (55 kil.) : c'est un trajet préliminaire, mais déjà fort intéressant. Le paysage s'y hausse peu à peu de la colline à la montagne et, par un crescendo soutenu, prélude aux tableaux grandioses d'amont ; il s'éclaire d'une vive lumière où éclatent les chaudes tonalités des terres bariolées ; l'Aude sillonne un large lit torrentiel parmi des nappes de galets et des saulaies argentées ; tassés et recuits au soleil sous leurs gros toits de tuile aplatis, les villages vivent heureux parmi les oliviers, les figuiers et les vignes...

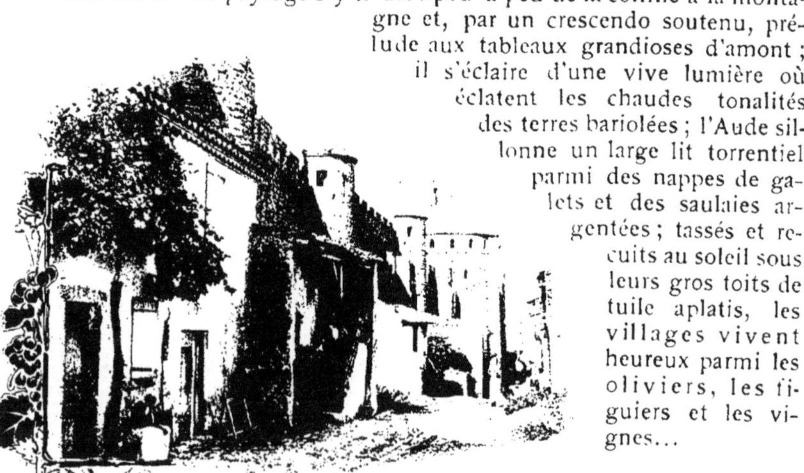

Cité de Carcassonne. Dans les Lices

Cité de Carcassonne. Chœur de St Nazaire

A *Verzeille*, on laisse à peu de distance, dans la vallée du Lauquet, *Saint-Hilaire* et son ancienne abbaye bénédictine. Plus loin, le sanctuaire de *Notre-Dame de Marseille* se dresse sur le piédestal d'une colline, puis la flèche élancée de l'église Saint-Martin jaillit des toits pressés de *Limoux*, patrie de la pétillante « blanquette » et du « touron », rival du nougat de Montélimar. La ville à peine disparue, voici que la vallée s'étrangle et le train s'enfonce dans un « étroit » rocheux : c'est fort joli, mais patience... ce n'est toujours que le prélude ! D'ailleurs le défilé se rouvre vite et, dans un évasement de montagnettes à la robe d'Arlequin, apparaît **Alet**, jadis ville épiscopale, aujourd'hui ville d'eaux en plein essor. Un beau pont rougeâtre du XVIe siècle accède à la petite bourgade claire et riante, où les ruines de l'ancienne cathédrale romane s'enveloppent de verdure et de mélancolie au milieu d'un cimetière.

A *Couiza*, l'Aude lèche le vieux château des Ducs de Joyeuse, encore entier entre ses quatre tours : là s'ouvre la vallée du Sals, étrange rivière qui naît d'une fontaine d'eau salée — d'où son nom. En remontant cette vallée, burinée dans la crudité lumineuse des Corbières, on passe entre les ruines haut perchées du château de *Coustaussa* et de *Rennes-le-Château*, ancienne capitale du Comté de Razès.

Aujourd'hui la vie est descendue des cimes au fond de la vallée où prospère, grâce à ses eaux thermales, le pittoresque village de **Rennes-les-Bains**, emprisonnant le torrent dans la double file de ses maisons. Non loin au Sud, pointe la pyramide du *Pic de Bugarach* (1.231 m.), point culminant et belvédère majeur de tout ce système tourmenté, âpre et brûlé des Corbières — petits monts, mais beaux par la vigueur du relief, le sursaut des rocs et l'éclat violent des couleurs, sous un ciel déjà africain.

Quillan, ville avenante et prospère, n'a guère à montrer qu'une vieille carcasse de château, mais elle s'étale au fond d'un majestueux bassin de montagnes et garde l'issue des fameux défilés de l'Aude : ici commence l'émerveillement. Vers le Sud, un fier chaînon calcaire barre inexorablement la vallée : il est tapissé par la forêt des Fanges qui se prolonge à l'ouest, sur le plateau de Sault, par les forêts de Callong et de Bélesta, et forme avec elles une des plus belles sylves des Pyrénées. Si l'on s'avance vers cette hautaine muraille, toute blanche sous les sapins noirs, jusqu'au pied l'impression subsiste et grandit d'un cul-de-sac, d'un « bout du monde » hermétiquement clos...

Mais tout à coup la montagne se fend ; une colossale entaille la coupe du haut en bas et, de la brèche, entre de formidables escarpements de rocs blancs, tailladés en aiguilles, l'Aude sort en bouillonnant. C'est le défilé de la **Pierre-Lys**, une des gorges les plus grandioses et les plus terrifiantes qui soient au monde. Le torrent a scié la montagne et s'y est enfoui au fond d'une véritable fissure

longue de 1.500 m. environ, haute de plus de 700 m., large à peine de 20 m. ; la route s'enfonce avec lui dans cette crevasse qu'il emplit de sa rumeur et où il semble que nul être humain n'eût jamais dû pénétrer. Pour y frayer un passage, il a fallu mordre d'un côté dans la roche en surplomb, empiéter de l'autre sur les eaux écumantes et percer trois tunnels dans les saillies de la paroi. A parcourir ce chemin fantastique, il semble vraiment qu'on côtoie le Styx dans le vestibule des Enfers ; une invincible terreur se mêle à l'admiration, on se sent comme écrasé entre les deux lèvres de ce gigantesque étau et je me rappelle encore le geste instinctif d'un brave paysan de la plaine pénétrant pour la première fois dans la Pierre-Lys : il tendit le dos et protégea sa tête de ses deux bras repliés, croyant voir une menace immédiate dans ce cataclysme immobile, suspendu depuis des siècles.

Au front du premier tunnel on lit ces quatre vers pompeux :

« Arrête voyageur. Le maître des humains
A fait descendre ici la force et la lumière.
Il a dit au Pasteur : accomplis mes desseins
Et le Pasteur des monts a brisé la barrière ».

C'est en effet un ingénieur en soutane, un pauvre curé de la montagne, l'abbé Armand (1770-1814), qui consacra sa vie et ses ressources à ouvrir cette galerie, encore appelée le « Trou du Curé ». La ville de Quillan lui a élevé une statue méritée, car son œuvre fut hardie et merveilleuse pour son temps. De nos jours, on fait un bien autre tour de force : un chemin de fer en construction, qui doit relier Quillan à Rivesaltes, traverse toute la Pierre-Lys par un souterrain en partie ajouré ; puis il serpente dans la gorge par une série

ininterrompue d'ouvrages d'art étonnants, décrit enfin un vaste fer à cheval autour d'Axat, enjambe une dernière fois la vallée sur un grand viaduc courbe et va franchir à l'Est le col de la Pradelle.

Au centre de ces travaux de géants, dans un charmant bassin de verdure et de fières montagnes, **Axat** est une bourgade ancienne et bien pittoresque avec son vieux pont en dos d'âne sur l'Aude, son tertre aux raidillons escarpés couronné par l'église et le château. C'est surtout un centre d'excursions de premier ordre.

Au Sud, la route d'Espagne remonte toute la haute vallée de l'Aude jusqu'à la froide conque pastorale du *Capsir* — ancien lac écoulé qui s'épanouit parmi les hautes cimes pyrénéennes — et de là passe en Cerdagne par Montlouis et le col de la Perche. Le voyage est admirable de tous points. La route ne s'échappe du cirque verdoyant d'Axat que par une nouvelle « Pierre-Lys », aussi terriblement belle que la première ; on l'appelle la **Gorge de Saint-Georges**. C'est encore une entaille à peine assez large pour le torrent et démesurément haute, pourfendant de pied en cap un puissant massif calcaire, transversal à la vallée.

A l'issue de cet impressionnant couloir, resserrée entre des à-pics blanchâtres de plus de 300 m. et gardée par un superbe piton aigu, une nouvelle merveille du génie humain s'ajoute aux merveilles de la Nature : on a construit là une usine électrique monstre, centre d'une toile d'araignée de fils aériens qui vont porter la lumière et la force motrice dans plus de cent bourgs et villages, jusqu'à Narbonne et à Béziers. A 6 kil. en amont, entre les épaisses coulées de forêts tapissant la gorge, on trouve le pittoresque *barrage de Gesse* d'où un canal tracé à flanc de montagne vient amener l'eau à 100 mètres

de hauteur au-dessus de l'usine. Plus haut dans la vallée, s'échelonnent le vieux « burg » d'*Usson*, perché à la pointe d'un roc effilé, les bains de *Carcanières*, d'*Escouloubre*...

D'Axat, on peut encore s'enfoncer à l'Ouest dans la **Vallée du Rébenty**, rivale de celle de l'Aude en sauvage grandeur. Ce Rebenty a aussi sa gorge ou plutôt son gouffre de roc, où la route en amont de *Joucou* est suspendue, évidée dans la paroi à pic.

Enfin, pour clore ce voyage au pays des grands défilés, il faut aller voir à l'Est d'Axat les **Gorges de Saint-Antoine de Galamus**, digne couronnement de cette incomparable série. Par la grande route de Perpignan, on gravit le col de la Pradelle (534 m.), commandé du haut d'un roc escarpé par un castel ruiné mais de fière allure. Puis on redescend le long de la Boulzanne, et bientôt la grande avenue de platanes se déroule dans une ample vallée, majestueuse et régulière comme le Graisivaudan : sous sa riche toison de prairies, de vignes, d'oliviers, elle fuit entre deux hautes murailles blanchâtres et décharnées, à la crête bizarrement festonnée. Il semblerait à première vue que les eaux n'ont eu qu'à suivre docilement ce grand fossé naturel ? Eh ! bien, non : l'Agly qui draine cette région, méprise le grand chemin tout tracé ; né sous le pic de Bugarach, ce petit fleuve paradoxal coule vers le sud transversalement aux deux rides de montagne : coupant la première par la gorge de Saint-Antoine de Galamus, il se précipite par une chute de plus de 200 mètres dans la vallée, il la traverse au plus vite devant *Saint-Paul-de-Fenouillet* et s'échappe aussitôt à travers la seconde crête, par la cluse de *la Fou*, percée à l'emporte-pièce et aussi nette qu'une brèche dans un mur. De Saint-Paul, on aperçoit au Nord et au Sud les deux gigantesques échancrures coupant la montagne.

Le pertuis de la Fou est un accident étonnant, admirablement découpé. Mais Saint-Antoine de Galamus est une chose inouïe. Une route toute neuve (1894) y monte en serpents à travers les collines de schiste noirâtre qui, par un étrange contraste, servent d'avant-monts à la haute crête de calcaire blanc. Parvenu à une grande hauteur, le chemin court en corniche à flanc de montagne puis, tout à coup, par un brusque détour, il pénètre dans la gorge : c'est une sublimité! Dans les défilés de l'Aude, la route côtoie le torrent tout au fond. Ici c'est autre chose! Elle est suspendue, vertigineuse, le long d'un à-pic effroyable.

Si énorme est la profondeur, qu'en se penchant par-dessus le parapet on ne peut même pas apercevoir le torrent au fond de l'abîme et le regard y plonge dans une noirceur insondable. Les escarpements qui l'enserrent sont admirables de forme et de couleur : la roche déchiquetée se dresse éblouissante de blancheur sous l'azur sombre du ciel ; des buissons de sabines s'y accrochent dans tous les interstices et cette verdure est d'un aspect surprenant au milieu de ce triomphe brutal de pierre écorchée vive et de lumière crue : c'est un paysage tropical, d'une intensité aveuglante. La gorge doit son nom, de si belle allure, à un antique ermitage plaqué contre la paroi à pic — humble chapelle perdue dans le roc, presque invisible et comme annihilée par l'écrasante grandeur du paysage ; le site en paraît tellement fou, tellement inaccessible en apparence qu'on se demande si l'on n'est pas le jouet d'une illusion en apercevant au flanc du précipice ce quelque chose qui ressemble à un mur percé de fenêtres. La route elle aussi est un véritable défi à la Nature : quatre vers en patois, gravés à la tête d'un tunnel, en expriment fortement la hardiesse.

Dins aqueil roc pélat qué traouco la Sabino,
Oun l'aglo dins soun bol gousabo soul béni,
Penjat per ün courdeil ambé la barromino,
L'homé coumo l'aousseil a troubat ün cami.

« Dans ce roc pelé que troue la Sabine — où l'aigle dans son vol osait seul venir, — pendu par une corde, avec la barre à mine — l'homme comme l'oiseau a trouvé un chemin.

La Montagne-Noire, le Sidobre

Voici maintenant des paysages tout proches, pourtant tout autres : après le Midi archi-méridional et quasi-africain, nous allons connaître, dans ce même Midi, des monts ombreux, verdoyants et frais, assurément plus cousins-germains du Cantal ou des Vosges que de leurs vis-à-vis, les Corbières. Aussi, pour l'homme de la plaine ardente et nue, ces hautes terres de schiste et de granit voilées de forêts profondes s'appellent la Montage-Noire.

De Carcassonne, on peut y monter tout droit à travers les avant-monts du versant Sud qui appartiennent encore, eux, au Midi sec et brûlant. Les torrents d'eau vive nés là-haut sous les branches et dans l'herbe mouillée doivent, pour gagner la plaine, traverser des ravins sauvages érodés dans les roches « calcinées, fendillées, baillant de sécheresse » du Cabardès et du Minervois. Il y a déjà bien des excursions à entreprendre dans ces avant-monts, parsemés de vieilles bourgades moyen-âgeuses, presque toutes entourées encore de débris de fortifications et hérissées de ruines féodales.

Au Nord-Ouest, c'est la belle route de Revel par *Montolieu* et *Saissac ;* au Nord

AXAT

c'est la grande route de Mazamet par *Les Martys,* ou la route si pittoresque de la *Vallée de l'Orbiel.* Puis vers l'Est, c'est *Caunes* avec ses fameuses carrières de marbre, *Rieux-Minervois* avec son église ronde du XIe siècle, enfin Minerve, l'antique capitale du Minervois, à l'étrange nom mythologique.

Parmi tant de sites intéressants, deux sont tout à fait hors de pair : les châteaux de Lastours et Minerve.

Lastours se cache dans un repli sauvage de la vallée de l'Orbiel, et un tram à vapeur met pour ainsi dire aux portes de Carcassonne cette merveille inconnue. Qu'on s'imagine, dans la fourche de deux ravins abrupts, une crête de roc effilée, véritable sierra, dardant quatre dents de scie aiguës, et à la pointe de chacune de ces dents, quatre forteresses du moyen âge perchées comme des nids d'aigle : tels sont les châteaux de Lastours, décor invraisemblable qui fait penser au promontoire de Crozant dans la Creuse, aux trois châteaux de Ribeauvillé, en Alsace, et qui en définitive ne ressemble qu'à lui-même. Ces quatre châteaux, jadis appelés les Tours de Cabaret (*caput arietis,* tête de bélier) et reliés, dit-on, par des souterrains à la Cité de Carcassonne, étaient le centre féodal du *Cabardès.* Toute la vallée de l'Orbiel, sillon central de ce pays, est fort curieuse. En aval, un petit manoir rougeâtre signale la montagne de *la Caunette,* dont tant de générations, depuis les Romains, ont fouillé les entrailles de fer et d'argent, qu'elle ressemble aujourd'hui à une immense éponge : rien de plus fantastique qu'une promenade à la lueur du magnésium dans ce labyrinthe de roche rouge, criblée et perforée en tous sens comme par un travail de termites. Plus bas, à l'orée de la plaine, *Conques* s'étage sous les murs vides d'un vieux château. Plus haut, dans la montagne, des ruines encore dominent le vieux bourg du *Mas-Cabardès,* où l'on voit aussi une curieuse croix à personnages du XIVe siècle. Enfin, vers son origine, la vallée, de plus en plus sauvage, est surplombée par une énorme masse de gneiss : le *Roc du Bougre.*

L'excursion de **Minerve** est moins aisée : il faut se lancer loin des chemins de fer à travers une région de « Causses » pierreux, aussi désolés que ceux de la Lozère, mais illuminés par la féerie du soleil qui les chauffe à blanc et mûrit la vigne au milieu des cailloux. Dans cet étrange désert où il coule plus de vin que d'eau, les orages engendrent pourtant, de temps à autre, deux rivières, la Cesse

et le Briant, qui ont creusé dans le calcaire de véritables « cañons », aux lèvres à pic : quand elles coulent, ce sont des torrents fous furieux qui rongent, minent et trouent leurs falaises ; mais le plus souvent lesdites falaises n'enserrent qu'une fournaise où les galets cuisent au soleil comme des œufs durs ; le lit de la rivière sert de grande route aux indigènes et permet au touriste les promenades pittoresques sous les roches évidées, à travers les grottes et les tunnels percés par la colère des eaux. Or les deux torrents, ou les deux grandes routes, se rejoignent et l'angle de leur confluent découpe une table de calcaire taillée de toutes parts en surplomb, sauf un isthme étroit qui la rattache au Causse ; ce roc, dressé de lui-même en bastion inaccessible, se couronne encore de vieux murs fauves et dans ces remparts ébréchés dort une antique bourgade, tandis qu'un mince pan de donjon surveille toujours l'accès de l'isthme, et qu'une pauvre église, élevée sur les ruines d'un temple romain, abrite encore le premier autel chrétien consacré en ce lieu par saint Rustice vers l'an 440... Cette bourgade étrange dans un site plus étrange encore c'est Minerve !

Revenons aux chemins de fer : on les apprécie quand on les a quittés.

La grande ligne de Carcassonne à Castelnaudary, puis la ligne de Castelnaudary à Castres, enfin celle de Castres à Bédarieux, font à la Montagne-Noire une ceinture complète de voies ferrées et vont nous permettre d'explorer commodément le massif dont nous n'avons vu encore que les abords doublement méridionaux : par leur orientation et par leurs caractères.

Castelnaudary sur sa colline n'a pas de monuments très remarquables, mais la ville se reflète bien joliment dans le vaste bassin du canal du Midi et si elle n'a pas les fortifications de la Cité, elle s'enveloppe du moins d'une pittoresque ceinture de tours : tours pacifiques de moulins à vents tournant leurs ailes au souffle impétueux des vents de *cers* ou *d'autan*.

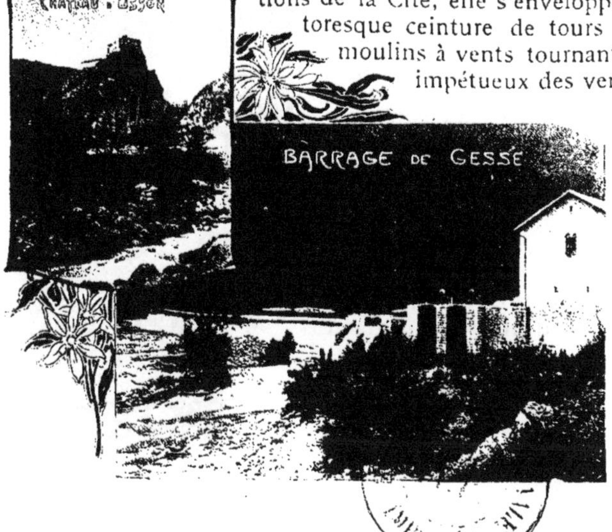

Et puis Castelnaudary est encore la patrie du fameux « Cassoulet », célébré si complaisamment par la plume gauloise d'Armand Sylvestre. En vérité, je vous le dis, il faut avoir mangé à Castelnaudary et non ailleurs, un cassoulet cuit dans une

Ermitage de St Antoine de Galamus

« cassolo » en terre d'Issel authentique et chauffé à la flamme des ajoncs épineux de la Montagne-Noire, pour savoir jusqu'à quel degré de succulence peut atteindre un vulgaire ragoût de haricots !

Non loin de Castelnaudary, *Saint-Papoul*, ancienne ville épiscopale déchue, mérite une visite pour sa vieille cathédrale, son cloître charmant et le beau château de Ferrals, tout voisin. En prenant le train de Toulouse jusqu'à Ségala, on peut encore se rendre au seuil de **Naurouze** où le chemin de fer, la route et le canal passent du versant de la Méditerranée à celui de l'Océan, sans pente appréciable, par 190 mètres seulement au-dessus des mers. L'alimentation du canal à ce point de partage était le plus grave problème de l'entreprise colossale de Riquet, et se posait pour la première fois à cette époque. Riquet le résolut d'une façon vraiment géniale en amenant à Naurouze, par une rigole, les eaux vives captées dans la Montagne-Noire.

Le paysage n'a rien de mouvementé : de molles collines dont l'une porte le vieux village de Montferrand, encadrent faiblement la large trouée de plaine. Mais les avenues d'eau du canal avec leurs grands rideaux d'arbre font penser à Versailles et ont la majesté régulière du Grand Siècle. La grande curiosité du site, ce sont les Pierres de Naurouze (215 m.) : trois blocs de rocher bizarrement dressés là et séparés par des fissures dont l'existence importe grandement à la Morale, si l'on en croit le vieux dicton languedocien : « Quand les Pierres de Naurouze se toucheront, les femmes et les filles perdront toute vergogne ». Ces pierres servent aujourd'hui de piédestal à un obélisque érigé en 1825 à la mémoire de Riquet.

Les Chateaux de Lastours

Une excursion depuis longtemps classique dans tout le Languedoc consiste à suivre à travers les plus beaux sites de la Montagne-Noire la « Rigole » d'alimentation du canal et à visiter les deux bassins de retenue : Lampy et Saint-Ferréol. La course mérite mieux encore que sa grande réputation régionale. Par le chemin de fer de Castelnaudary à Castres, on arrive à **Revel**, type parfait des « bastides » du Midi ; de là une montée de 3 kil. à peine conduit au bord d'un lac charmant, long de plus de 1.500 m. qui arrondit ses anses parmi les dernières croupes de la Montagne-Noire où il se trouve comme suspendu, à 340 m. d'altitude. Ce grand miroir d'eau est une œuvre des hommes : c'est le **Bassin de Saint-Ferréol**, auquel durant cinq années (1667-1672) travaillèrent jus-

Calvaire de Mas-Cabardès

qu'à 1.000 ouvriers à la fois. Une digue formidable, longue de 800 m. au sommet, soutient à elle seule la pesée de ces 6 millions de mètres cubes d'eau et la marque du Grand Siècle se retrouve encore ici dans le décor vraiment royal dont Riquet se plut à entourer son œuvre. Des plantations admirables ont transformé les talus de la digue et toutes les pentes d'alentour en un parc immense où le trop-plein du bassin bondit en cascatelles. Au pied de la digue, un jet d'eau, célèbre dans tout le Midi, lance sa gerbe étincelante à plus de 25 mètres dans les airs ; une galerie de 75 mètres de long, l'impressionnante *Voûte d'Enfer,* conduit aux robinets de décharge, énormes robinets de bronze qui se tournent à l'aide d'un cric et où l'eau se précipite avec le bruit du tonnerre.

En amont de Saint-Ferréol, on monte aux *Cammazes*, où la Rigole traverse un tunnel, puis, par une ravissante allée en forêt, on suit toutes les sinuosités du petit ruisseau artificiel qui serpente au flanc de la montagne, contourne les ravins et y boit l'eau des torrents ; de distance en distance une maisonnette de garde apparaît sous le couvert de la futaie. Bientôt, on rencontre un second bassin, le **Lampy,** plus petit, mais plus romantique et plus mystérieux dans sa ceinture d'épaisses forêts. Ce coin charmant de la Montagne-Noire devient une villégiature d'altitude, ainsi d'ailleurs que les villages environnants, *Arfons, Lacombe, Laprade, Fontiers-Cabardès,* asiles de fraîcheur exquise parmi les prairies, les eaux vives et les hêtraies splendides de Ramondens et de la Loubatière (650 à 800 m. d'altitude). Au delà du Lampy, la Rigole a son origine à la *prise d'eau d'Alzau,* dans un ravin sauvage et touffu.

Il ne faut pas quitter Revel sans avoir vu la *Gorge de Durfort,* où une curieuse population de chaudronniers bat encore le cuivre au « martinet » comme aux âges primitifs ; tout au fond de cette gorge, sous le vieux donjon de *Roquefort,* le Sor se brise dans un gouffre de rochers et forme la tonitruante *Cascade de Malamort :* une usine électrique perdue à cette « Fin du Monde » transforme tout ce fracas en milliers de volts et possède aussi une gerbe d'eau rivale de celle de Saint-Ferréol. A l'orée de la Montagne, le Sor frôle *Sorèze* et son vieux collège, restauré par le Père Lacordaire ; puis, arrosant une plaine fertile, il nous amène à **Castres,** grande ville de près de 30.000 habitants, industrieuse, animée par ses deux

régiments d'artillerie : ses églises datent du XVIIIe siècle ; l'ancien évêché est une noble construction élevée par Mansart (1666), avec des jardins dessinés par Le Nôtre ; quelques anciens hôtels méritent aussi l'attention. Mais le grand charme de Castres, c'est la belle coulée de l'Agoût, emprisonné dans le fouillis pittoresque des vieilles maisons, des galeries de bois et des encorbellements hasardeux.

Cet Agoût est aussi un fils de la Montagne et avant de déboucher dans la plaine de Castres, il se tord longuement au fond d'une gorge austère. Remontons-en le cours jusqu'à *Burlats*, ancien bourg fortifié où nous pourrons admirer une église du XIIe siècle et les exquises fenêtres romanes du pavillon d'Adélaïde, seul reste d'un château illustre dans l'histoire. Puis gravissons la montagne : un paysage extraordinaire se déroule sous nos yeux. Une pluie de cailloux géants semble s'être abattue par les bois et par les landes ; des blocs de granit énormes, arrondis comme des galets, sculptés par les météores, jonchent de toutes parts le sol ; ils s'entassent en chaos indescriptibles, se superposent en des équilibres instables et pourtant séculaires, se profilent en silhouettes fantastiques auxquelles l'imagination peut prêter mille ressemblances. Nous sommes sur le **Plateau du Sidobre**, vrai coin de Bretagne égaré sous le ciel du Midi. Ses rochers, dont beaucoup tremblent sur leur frêle point d'appui, rappellent en effet ceux de Huelgoat mais sur une étendue autrement vaste ; c'est encore si l'on veut Ploumanach et Trégastel avec la mer en moins et la montagne en plus, car ce plateau accidenté ondulant à près de 700 mètres et, coupé par des vallées profondes, offre des échappées magnifiques sur les montagnes environnantes et jusque sur les Pyrénées. Mais en dehors des roches tremblantes, des roches-champignons, telle l'étonnante Peyro-Clabado (pierre clouée), il est un phénomène qui n'appartient qu'au Sidobre : ce sont les « rivières de rochers » (*compeyré* en patois), chaos de blocs amoncelés en longues traînées dans les ravins et les vallons ; certains ruisseaux ont ainsi leur cours entier caché sous une carapace de granit et se trahissent seulement par un frais murmure qu monte du fond entre les rocs entassés.

L'exploration du Sido

bre, qui se fait très aisément de Castres, est vraiment une attraction unique en son genre. Elle se complète par la visite du vieux château de *Ferrières*, perché au-dessus de la gorge de l'Agoût, et peut se continuer vers l'Est, en montant toujours, jusqu'aux pittoresques **Monts de Lacaune**, massif de gneiss, mi-pastoral, mi-forestier, qui culmine au *Roc de Montalet* (1.266 m.). Ces petits monts verdoyants et frais entre leurs sauvages vallées de l'Agoût, du Gijou, de la Vèbre, sont en outre un de nos meilleurs sanatoria naturels. Une route qui franchit l'Agoût à *Brassac*, devant un ancien château, monte jusqu'à **Lacaune** (850 m.) où des malades de plus en plus nombreux vont chercher à la fois l'air pur et des eaux efficaces. La petite ville est intéressante par ses vieux logis sculptés et sa fontaine du XVIe siècle où quatre statuettes, plutôt indécentes, imitent le fameux Manneken-Pis de Bruxelles.

Pour terminer le tour que nous nous sommes proposés, il nous reste à prendre à Castres le train de Bédarieux. La voie s'enfonce à l'Est dans la belle vallée du Thoré ayant au Sud les hautes croupes boisées de la Montagne-Noire, au Nord les contreforts des monts de Lacaune. *Mazamet*, la ville du drap, apparaît bientôt à l'issue d'un vallon sauvage entr'ouvrant la montagne. Un torrent rocailleux et cascadeur, l'Arnette, y anime des filatures échelonnées, entre de grands versants tout fourrés de bois. En montant par ce ravin et des forêts toujours superbes, on peut atteindre le **Pic de Nore** (1.210 m.) point culminant de la Montagne-Noire d'où le regard embrasse dans le même tour d'horizon les Cévennes, les Corbières, les Pyrénées, la plaine de l'Aude et la Méditerranée.

Passé *Saint-Amans-Soult*, qui vit naître et mourir le fameux maréchal de l'Empire, le train parvenu à l'origine du Thoré s'enfonce dans un tunnel et ressort au jour sur le versant de la Méditerranée. De nouveau nous dévalons maintenant vers le pays du soleil par les vallées du Jaur et de l'Orb. Au Sud ondoie toujours la Montagne-Noire; au Nord se dresse maintenant, d'une raideur extrême, une hautaine muraille grise, rugueuse, tailladée : c'est l'**Espinouze** qui, d'un seul bond de près de 1.000 mètres, sépare le Midi du Nord, le printemps perpétuel des longs hivers. Au pied ce sont les villages fauves, couleur de pain grillé, la pierre brûlante, la vigne, l'olivier, le châtaignier superbe et le maquis odorant. Au sommet, ce sont les hauts plateaux où la neige persiste jusqu'à l'été, les pâturages

humides et les forêts profondes.

Le Jaur sort tout formé d'une caverne dans la ville même de *Saint-Pons*, cernée d'un beau cirque de monts et qui, à défaut d'évêque, conserve une cathédrale fortifiée du XIIe siècle. Plus loin la petite ville d'*Olargues* s'étage sous l'aspect le plus pittoresque dans un méandre du Jaur. Ce pays doit ses sites les plus grandioses à la chute vertigineuse des ruisseaux nés sur les hauts plateaux et brisés soudain au ras-bord de l'Espinouze : tel le Buraut, près de *Riols*, qui s'abat par les six chutes du **Saut de Bézoles,** effroyable escalier de géant ; tel encore ce ruisseau **d'Héric** qui dégringole de 1.000 m. au fond d'une gorge terrible où les schistes se hérissent à faire peur. Le *Mont-Caroux* (1.093 m.) qui surplombe cet abîme est le belvédère favori des baigneurs de :

Lamalou-les-Bains (1)

Cette célèbre station thermale est blottie tout près de là dans un frais vallon de la rive droite de l'Orb. C'est assez dire qu'elle n'a rien à envier comme décor. Mais le décor fait moins pour la prospérité de Lamalou que ses eaux, auxquelles les expériences du célèbre Charcot ont valu un si grand renom pour toutes les névropathies, les maladies de la moelle épinière et surtout l'ataxie locomotrice.

Narbonne et le Littoral

A l'Est de Carcassonne, la Montagne-Noire et les Corbières s'écartent de plus en plus et la plaine s'épanouit jusqu'au rivage sous l'uniforme toison d'un vignoble sans fin. Cette plaine, relativement monotone dans son opulence, ne nous laissera pourtant pas indifférents, car elle a Narbonne et conduit à la mer.

Nos aimables aïeux qui apprenaient volontiers la géographie dans la prose légère semée de vers badins de MM. Chapelle et Bachaumont, devaient avoir une assez triste opinion de **Narbonne :** les

(1) Pendant la saison balnéaire, l'express partant de Paris (gare du quai d'Orsay ligne d'Orléans), vers 9 h. soir permet d'arriver à Lamalou par Montauban, le lendemain au commencement de l'après-midi. — Pour le retour, en partant de Lamalou vers 9 h. matin et en passant également par Montauban, on arrive à Paris (quai d'Orsay) vers minuit.— Dans les deux sens, une voiture directe de 1re classe, contenant des lits-toilettes, circule entre Paris et Lamalou.

deux galants voyageurs y furent mis à mal par un affreux orage et ils s'en vengèrent cruellement :

« Dans cette vilaine Narbonne,
Toujours il pleut, toujours il tonne...
Digne objet de notre courroux
Vieille ville toute de fange,
Qui n'est que ruisseaux et qu'égoûts,
Pourrais-tu prétendre de nous
Le moindre vers à ta louange ?... etc., etc. »

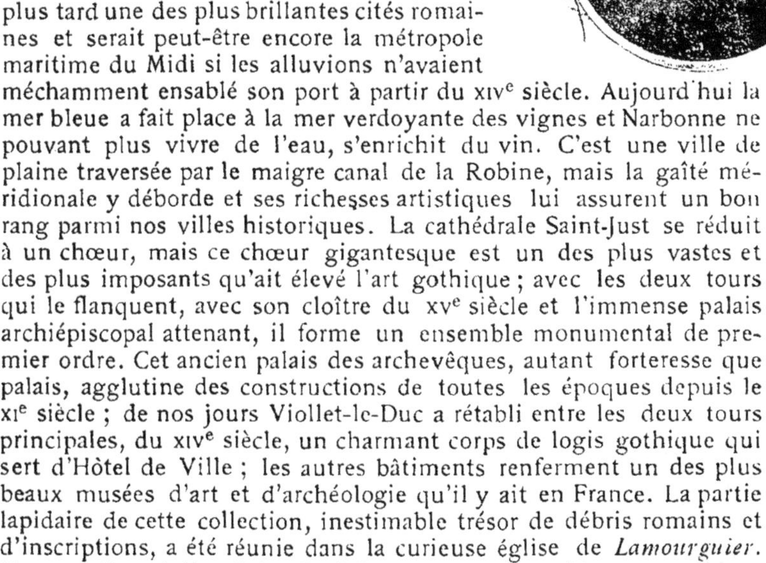

C'est vraiment un peu dur pour la ville, antique autant qu'illustre, dont les titres de noblesse remontent aux Phéniciens, qui fut plus tard une des plus brillantes cités romaines et serait peut-être encore la métropole maritime du Midi si les alluvions n'avaient méchamment ensablé son port à partir du XIVe siècle. Aujourd'hui la mer bleue a fait place à la mer verdoyante des vignes et Narbonne ne pouvant plus vivre de l'eau, s'enrichit du vin. C'est une ville de plaine traversée par le maigre canal de la Robine, mais la gaîté méridionale y déborde et ses richesses artistiques lui assurent un bon rang parmi nos villes historiques. La cathédrale Saint-Just se réduit à un chœur, mais ce chœur gigantesque est un des plus vastes et des plus imposants qu'ait élevé l'art gothique ; avec les deux tours qui le flanquent, avec son cloître du XVe siècle et l'immense palais archiépiscopal attenant, il forme un ensemble monumental de premier ordre. Cet ancien palais des archevêques, autant forteresse que palais, agglutine des constructions de toutes les époques depuis le XIe siècle ; de nos jours Viollet-le-Duc a rétabli entre les deux tours principales, du XIVe siècle, un charmant corps de logis gothique qui sert d'Hôtel de Ville ; les autres bâtiments renferment un des plus beaux musées d'art et d'archéologie qu'il y ait en France. La partie lapidaire de cette collection, inestimable trésor de débris romains et d'inscriptions, a été réunie dans la curieuse église de *Lamourguier*. Une troisième église, Saint-Paul-Serge, est remarquable par son chœur du XIIIe siècle ; une quatrième, Saint-Sébastien, offre une belle voûte du XVe. Pour compléter cette riche série monumentale il faut aller à 14 kil. de la ville, en plein désert, visiter l'*Abbaye de Fontfroide*, cachée dans un vallon pierreux.

Au pied des basses Corbières rocailleuses, décharnées et brûlantes, telle une Arabie Pétrée, le littoral de l'antique Narbonnaise

s'est bien modifié à travers les siècles ; il évolue encore : c'est une terre à peine née, un paysage des temps géologiques où le domaine de l'eau et de la terre ferme est encore indécis. Des terres basses à peine sèches et déjà prises par la vigne, des lagunes qui se colmatent lentement, des salins où les mulons blancs se dressent comme des tentes, des étangs endigués par de frêles cordons littoraux coupés de « graus », enfin, derrière l'éternelle plage de sable, l'immensité bleue, tel est l'étrange aspect de ce rivage en formation, où émergent seuls des rochers calcaires, abrupts et nus, anciennes îles empâtées dans les atterrissements.

Le plus important de ces petits massifs côtiers est la montagne de la Clape qui dresse ses contreforts blanchâtres à l'Est de Narbonne. A ses pieds s'étale la plage de *Gruissan*, vieux bourg perdu entre la mer et les étangs et que signale au loin sa tour Barberousse plantée sur un rocher. Le petit port de la *Nouvelle*, à l'embouchure de la Robine a aussi une plage assez fréquentée. Mais la véritable oasis, le coin inattendu et charmant de ce littoral s'adosse là-bas à la grande falaise blanche de *Leucate* qui barre l'horizon au Midi.

Du haut de ces escarpements une petite ville forte surveillait jadis la frontière : elle eut même son heure de gloire au temps de la Ligue quand, attaquée soudain par les Espagnols, elle se vit sauver par le courage intrépide d'une femme, Françoise de Cézelly. Cette Jeanne Hachette languedocienne décore aujourd'hui de son effigie en bronze le bourg pacifique de Leucate, bien déchu de son passé militaire. Mais la vie renaît au pied de la falaise où la petite station de **la Franqui** grandit, bien abritée, parmi les bois de pins, de lauriers et de mimosas. C'est là qu'après avoir vu tant de paysages grandioses et tourmentés, tant de monts, de vallées et de gorges, il fait bon se reposer à l'ombre en laissant ses regards errer à l'infini sur l'azur profond de la Méditerranée, où, d'aventure, une barque à la longue antenne courbe déploie sa voile latine comme une aile d'oiseau.

MARCEL MONMARCHÉ

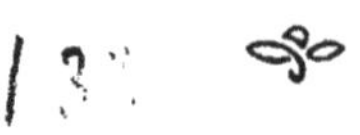

MOYENS D'ACCÈS A LA RÉGION DE L'AUDE

I° Voyages circulaires avec Itinéraire tracé au gré du Voyageur

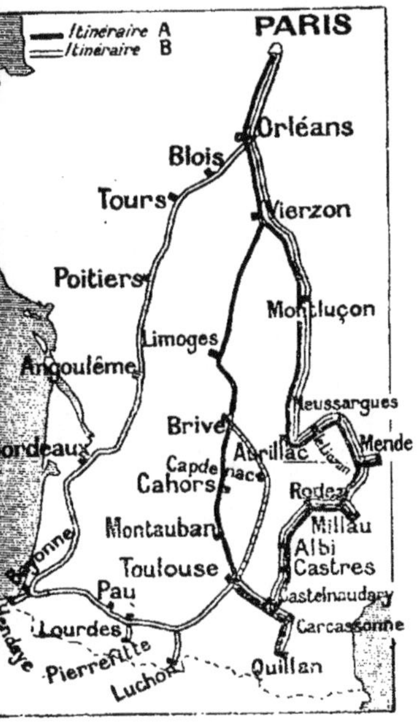

Les voyageurs qui désirent visiter les sites pittoresques de la région de l'Aude peuvent profiter des avantages offerts par les *Billets circulaires à itinéraires facultatifs,* délivrés pendant toute l'année, pour un parcours minimum de 300 kil. et valables pour une durée de : 30 jours jusqu'à 1.500 kil. ; 45 jours de 1.501 à 3.000 kil.; 60 jours au delà de 3.000 kil. On trouvera dans l'*Indicateur Chaix* et dans le *Livret-Guide officiel de la Cie d'Orléans* les conditions générales de ces billets. A titre d'exemples, nous donnons ci-contre deux itinéraires-types :

Le premier *(A)* propose la visite de la région de l'Aude comme *complément* des excursions en Auvergne et aux Gorges du Tarn et ramène les voyageurs à Paris par Toulouse et le Centre.

Le second *(B)* embrasse l'Auvergne, les Gorges du Tarn, la région de l'Aude et les Pyrénées, avec retour par Bordeaux.

Itinéraire A.— Paris, Orléans, Vierzon, Montluçon, Aurillac Le Lioran, Neussargues, Mende (Gorges du Tarn), Millau, Rodez Albi, Castres, Castelnaudary, Carcassonne, Quillan, Toulouse Brive (*via* Montauban ou *via* Capdenac), Limoges, Paris

2.194 kil. — Durée de validité : 45 jours. Prix : { 1re cl. : **190 30** ; 2e cl. : **128 80** ; 3e cl. : **84 30**

Itinéraire B.— Paris, Orléans, Vierzon, Montluçon, Aurillac, Le Lioran, Neussargues, Mende (Gorges du Tarn), Millau, Rodez, Albi, Castres, Castelnaudary, Carcassonne, Quillan, Toulouse, Luchon, Lourdes, Pierrefitte, Pau, Bayonne, Hendaye, Bordeaux, Paris.

2.769 kil. — Durée de validité : 45 jours. Prix : { 1re cl. : **193 »** ; 2e cl. : **132 »** ; 3e cl. : **91 »**

II° Supplément aux voyages circulaires à Itinéraire fixe dans les Pyrénées

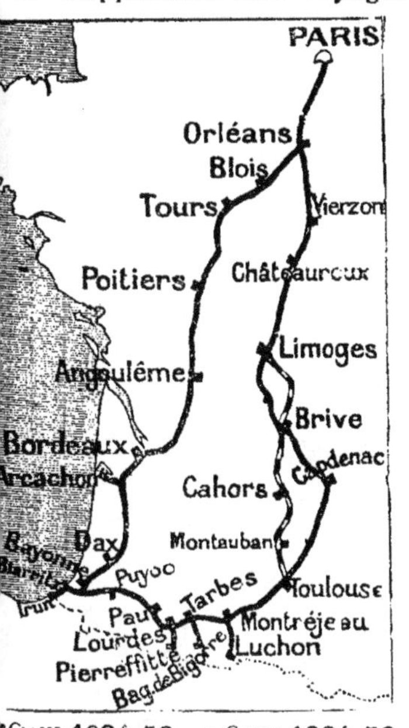

•Classe, 163 fr. 50. — 2 Classe, 122 fr. 50.

Durée du voyage : 30 jours.

ur pour jour, non compris le jour du départ.

Les voyageurs, porteurs de l'un ou l'autre des deux billets d'excursions aux Pyrénées, indiqués dans les tableaux ci-contre, peuvent à peu de frais et moyennant un léger crochet, visiter la région de l'Aude. Il leur suffira de s'arrêter à Toulouse, où ils prendront un billet d'aller et retour pour Carcassonne, du prix de 15 fr. 40 en 1re classe et de 11 fr. 10 en 2e classe. Par une disposition particulière à ces billets circulaires, les billets d'aller et retour, pris ainsi en supplément, ont la même durée de validité que les billets circulaires eux-mêmes.

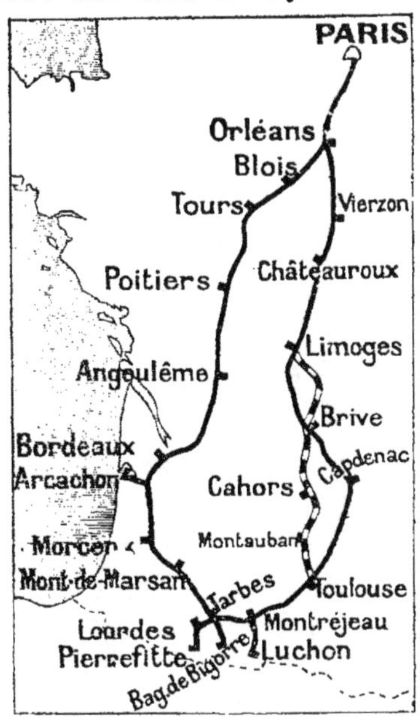

1re Classe, 163 fr. 50. — 2e Classe, 122 fr. 50.

Durée du voyage : 30 jours.

Jour pour jour, non compris le jour du départ.

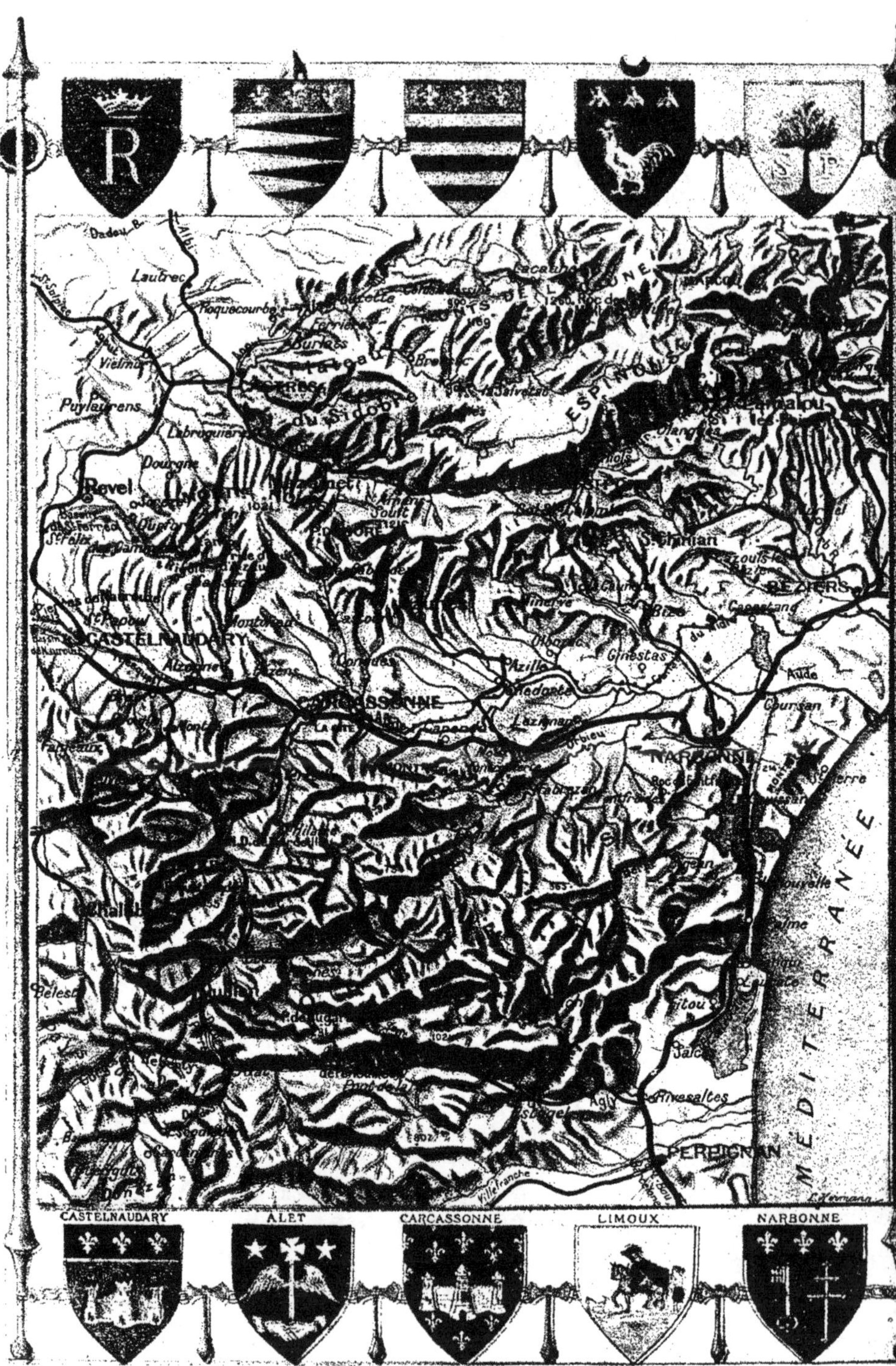

Lautrec
Puylaurens
Revel
CASTELNAUDARY
CARCASSONNE
NARBONNE
BEZIERS
PERPIGNAN
Rivesaltes
Ginestas
Capestang
Coursan
Aude
St Chinian
MÉDITERRANÉE
CASTELNAUDARY
ALET
CARCASSONNE
LIMOUX
NARBONNE

www.ingramcontent.com/pod-product-compliance
Ingram Content Group UK Ltd.
Pitfield, Milton Keynes, MK11 3LW, UK
UKHW021035260726
13994UKWH00005B/2165